Yf 8515

DU THÉATRE

ET

DES DROITS D'AUTEURS

EN BELGIQUE,

CONSIDÉRATIONS GÉNÉRALES. — DE L'IMPORTANCE DE CRÉER UNE LITTÉRATURE DRAMATIQUE. — INTÉRÊT NATIONAL. — AVANTAGES DES DIRECTEURS DE SPECTACLES. — CE QUI A LIEU EN FRANCE; MOYENS D'Y PARVENIR EN BELGIQUE. — ÉCHANGE DES DROITS D'AUTEURS ENTRE LES DEUX PAYS POUR LES REPRÉSENTATIONS DRAMATIQUES SEULEMENT. — D'UNE LOI A PRÉSENTER, SANS EFFET SUR LA LIBRAIRIE.

AUX CHAMBRES BELGES,

PAR

M. Carmouche,

MEMBRE DE LA COMMISSION DES AUTEURS DRAMATIQUES FRANÇAIS.

*

Tout ce qui produit doit rapporter.

*

PARIS,

J.-N. BARBA, LIBRAIRE,

PALAIS-ROYAL, GRANDE-COUR, DERRIÈRE LE THÉATRE-FRANÇAIS;

BRUXELLES,

CHEZ LES MARCHANDS DE NOUVEAUTÉS.

—

1833.

DU THÉATRE

ET

des Droits des Auteurs en Belgique.*

I.

DU THÉATRE EN BELGIQUE.

La Belgique, à proprement dire, n'a point de théâtre à elle. Si riche et si féconde sous tant d'autres rapports, sous celui-ci, elle vit d'emprunt, elle ne se soutient que par le secours du voisin, le théâtre français; c'est lui seul qui l'alimente.

* Lu et discuté préalablement, le 4 septembre 1833, avec M. Rogier, ministre de l'Intérieur à Bruxelles, M. Lebeau, ministre de la Justice, M. le comte Hyp. Vilain XIV, représentant, M. Van-Praët, secrétaire du Roi, M. Smitt, M. Nothomb, secrétaire des Affaires-Étrangères et auteur d'une excellente histoire de la Révolution Belge, M. Fétis, directeur du Conservatoire de Bruxelles, etc.

Aussi l'art dramatique dans ce pays n'a point de couleur spéciale, point de localité, et trop souvent aussi point de prospérité. Ce n'est cependant pas que le gouvernement se refuse aux moyens de le soutenir; les Régences accordent presque toujours aux directeurs une salle gratuite, un mobilier, des décors; et, pour le seul théâtre de Bruxelles, le Roi donne un subside considérable, une somme d'environ 120,000 fr.*; mais tout cela n'est fait que pour la plus grande gloire des auteurs et compositeurs français dont tous les ouvrages y sont représentés, sans aucune rétribution, et seuls composent le répertoire.

Il faut bien s'en contenter, dit-on, car les Français sont les seuls aujourd'hui qui aient une littérature dramatique *en pleine activité*, et la Belgique n'est pas appelée à produire des auteurs. — Cela est vrai, mais cela ne devrait pas être.

Le Gouvernement a seul la puissance *de créer une littérature en Belgique*.

Si demain les Belges pouvaient trouver des moyens d'existence honorables au théâtre, comme il les trouvent dans le commerce, dans l'industrie, dans la banque, il en est parmi eux, plus qu'on ne pense, qui viendraient chercher au théâtre le profit et l'honneur. Sous l'ancien gouvernement, il n'y avait que peu ou point de journalistes, la

---

* Soixante mille florins de Hollande.

liberté a créé des journaux, et la Belgique a vu se former des écrivains.

Mais le théâtre, tel qu'il est constitué en Belgique, est une terre stérile où l'on ne vient pas semer parce qu'il est convenu qu'on ne peut y récolter !

Il n'y est généralement pas reconnu par l'usage qu'un ouvrage ou composition pour le théâtre doive être salarié; quoiqu'il soit dit dans un arrêté du *gouvernement provisoire* DE 1830 et signé *de Potter*, que les directeurs ou entrepreneurs de spectacle ne pourront jouer aucune pièce sans le consentement formel des auteurs et la conservation de leurs droits. Il y a de trop grandes incertitudes dans les termes de cette ordonnance. On y parle de *droits*, quels sont-ils ?.. Il faut que chaque auteur les établisse à son gré et fasse une loi particulière à défaut d'une loi générale que jusqu'ici le législateur a oubliée.

L'auteur recevra-t-il, comme en Italie, une modique somme, une fois payée? ou, comme en Angleterre, percevra-t-il la recette d'une des premières représentations ? — Cela serait, ainsi qu'à Naples ou à Londres, injuste ou insuffisant. —Aura-t-il une somme fixe ou un intérêt sur la recette chaque fois qu'on jouera son ouvrage?— Alors quelle sera cette somme ? quel sera cet intérêt?...Tout, d'après l'arrêté du 30 octobre 1830, serait livré à l'arbitraire des deux parties qui joueraient le rôle d'un marchand et d'un acheteur et disputeraient également dans leur intérêt privé, sans que rien pût déterminer leurs prétentions d'acquéreur et de vendeur... S'ils cherchent à les établir avant la représentation, l'auteur, dira-t-on, est libre d'évaluer son travail et le prix qu'il en veut recevoir; cela est vrai. Mais de l'autre côté, le directeur est libre de refuser. Quel est l'usage établi pour *les droits d'entrée* au théâtre ? pour *les billets d'auteurs* à signer ? Il n'en est rien dit non plus.— Et quand ces droits doivent-ils être fixés ? Est-ce après le succès de l'ouvrage ? Dans ce cas, l'auteur peut faire une loi fort dure au directeur, celui-ci sera dans sa dépendance, il risquera d'acheter trop chèrement l'espoir de recettes que l'ouvrage lui promet; et si les conditions lui paraissent trop onéreuses, il faudra donc qu'il renonce à l'ouvrage pour lequel il aura fait des frais, prêté son théâtre, ses artistes, leur temps, leur mémoire ? Si ces difficultés et ces obstacles sont inconnus, c'est qu'en Belgique il n'y a, et ne peut y avoir, que des auteurs amateurs.

Le citoyen Belge qui n'est pas, en effet, pourvu de quelques bonnes mille livres de rentes, ne peut songer à devenir auteur ou compositeur. Car s'il se montre disposé à établir ses droits, à se créer des rétributions, il ne sera pas joué. « J'en suis
» fâché, dira l'entrepreneur, mais, après tout, je
» n'ai pas besoin de votre ouvrage ! J'ai, pour
» former mon répertoire, tous ceux que l'on joue

» à Paris sur dix ou douze théâtres dont chacun » donne plus de pièces nouvelles par année que » je n'ai l'habitude d'en monter à Bruxelles. » Rebuté par la difficulté de s'entendre sur ses intérêts, il renoncera facilement à s'occuper de travaux dramatiques; découragé, il y perdra peut-être une fortune et une réputation; la littérature belge restera encore en retard; et l'on ira disant toujours que ce pays ne peut en avoir une! car le monde insoucieux juge toujours ce qui est, et jamais ce qui pourrait être.

J'admets que le directeur consente, dans une vue louable, à payer à l'auteur une somme large, à lui concéder de grands avantages... ce sera encore une chose fâcheuse, car il courra le danger d'acheter le manuscrit d'une pièce ou d'une partition beaucoup plus qu'elle ne vaudra, beaucoup plus que si le droit eût été basé d'une manière fixe. Alors le directeur se plaindra bien haut, et avec raison, d'être obligé de payer fort cher *les auteurs nationaux* qui ne lui rapportent rien, qui lui causent des dépenses, qui ruinent son entreprise, et déclarera que *les ouvrages français* valent bien mieux!

De là, point d'auteurs en Belgique!..

Sous le rapport musical, il en est de même en Angleterre où il y a peu de musiciens et point de compositeurs... Et cela seulement parce qu'on n'a jamais pensé à les y encourager, à les payer. « Non, dira-t-on, c'est parce que les Anglais ne

» sont pas organisés musicalement. » Erreur!... Tout autant qu'une autre, la nation anglaise chante la musique qu'on lui donne; savoir la musique *italienne, allemande et française*. Les chefs-d'œuvre lyriques de ces trois nations y sont sans cesse représentés à grands frais, admirés et courus. « Mais, dira-t-on, seulement par la » classe riche, par *les lords* et *les ladies* de la *fas-* » *hion*. » Oui, parce qu'il en coûte trop cher pour les entendre; si l'on avait su faire naître une musique nationale, *le peuple* y courrait aussi.

Pourquoi, en revanche, l'Italie compte-t-elle encore des musiciens nombreux et célèbres? parce que la musique est une des industries de l'Italie, parce qu'elle paie généreusement ses compositeurs; que *Bellini, Donnizetti, Merca-dente, Pacini, Vaccai*, etc., reçoivent pour prix d'une partition 10, 12, 15, 20,000 francs. — Et pourquoi n'a-t-elle point d'auteurs de tragédies, de comédies? parce que tous y mourraient de faim, faute de droits d'auteurs bien établis; parce que l'un des plus élégans écrivains modernes dans le genre comique, M. *Nota*, végète dans une place obscure de sous-intendant de la ville de *San-Remo*, et qu'il a été obligé de payer lui-même un imprimeur pour donner à ses compatriotes le plaisir de le lire!

L'Italie n'a pas même de faiseurs de *poëmes d'opéras*, parce que, dit-on, *Romani*, le plus habile des arrangeurs de *libretti*, reçoit à peine quelques centaines de francs pour composer les paroles d'un opéra!

Aussi, comme il y a peu de gens qui consentent aujourd'hui à escompter l'avenir aux dépens du présent, l'immortalité de la gloire n'est plus de mode, et les Italiens qui tiennent à vivre autant et mieux que d'autres, se gardent bien aujourd'hui d'être des *Metastase*, des *Alfieri*, des *Goldoni*.

Avant la révolution (de 93, il faut s'expliquer), on invoquait comme inspiratrice du génie, *une dixième Muse, la misère!* Elle a peut-être existé; plus d'un Gilbert et d'un Malfilâtre l'ont connue cette Muse pâle, déguenillée et demandant l'aumône; mais elle se prostituait, elle abrutissait, détournait de leur voie, dégradait et tuait les talens au berceau; depuis la révolution (toujours de 93), il en est une autre qui les fait naître, les élève, les anoblit; Muse brillante, parée de riches habits, qui a des bijoux, qui va en voiture, c'est la fortune! ou prosaïquement si l'on veut, c'est l'argent, ou les droits d'auteurs, ou l'intérêt... Sœur d'un Apollon financier, peut-être un peu bâtarde, c'est la Muse du siècle, et c'est elle qui manque à la Belgique. C'est elle seule qui pourrait y faire surgir une génération de talens, en apprenant à la jeunesse qu'il existe d'autres moyens de s'enrichir que le commerce ou l'industrie; c'est elle qui répandrait la connaissance et les trésors d'une langue qui a fait la conquête du monde, la langue française, qui, seule, sans secousses et mieux que l'épée d'un héros, a soulevé des empires et renversé l'antique domination des Latins dont l'idiôme vieilli a cessé dès long-temps de régner à la cour des rois, dans les cabinets de la diplomatie, dans les académies de la science et dans le sanctuaire de la justice.

L'intérêt est le grand mobile des actions humaines.

On fera tout faire à des hommes civilisés en disant aux uns : là, il y aura de la gloire à acquérir ; aux autres : là, il y aura de l'argent à gagner. Ils feront tout, même des vaudevilles ! La recette est connue aujourd'hui dans toutes les branches de littérature ; beaucoup d'écrivains célèbres n'ont consenti à honorer leur patrie qu'à la condition qu'elle les enrichirait.

II.

CRÉATION D'UNE LITTÉRATURE. — AVANTAGES POUR LE PAYS, POUR LE THÉATRE ET LES DIRECTEURS.

Quand par suite d'un système de paix, les populations s'accroissent, il est du devoir, de l'intérêt des gouvernemens de les éclairer, de les nourrir et d'encourager les industries et les spéculations nouvelles.

Pour donner des écrivains dramatiques à la Belgique, il faut donc établir des droits d'auteurs, attribuables à tous les ouvrages qui y sont représentés, nationaux et étrangers surtout! afin d'ôter un jour aux directeurs de spectacles les motifs d'une préférence exclusive et intéressée pour les seuls répertoires français.

Par cela même, ils auront la ressource des ouvrages *nouveaux au théâtre* qui sont toujours d'un puissant attrait sur le public. Souvent ils pourront donner des *premières représentations* d'ouvrages français le même jour qu'à *Paris;* * souvent la ville de *Bruxelles* aura l'avantage immense de juger, d'applaudir ou de condamner une pièce entièrement nouvelle ; cette innovation attirera au théâtre, et, tout en y produisant de bonnes recettes, aura encore pour résultat de former le goût du public, d'exercer les jeunes gens aux combats de la critique, et par conséquent de développer en eux des facultés nouvelles. Ils ne recevront plus de confiance des jugemens *tout faits* par les journaux ou l'opinion de la France ; ils dicteront eux-mêmes des arrêts, ils seront juges en premier ressort, *ils feront public* enfin. De ces séances dramatiques des ima-

* Au lieu de ne les monter qu'un an ou deux après qu'ils ont paru sur tous les théâtres des départemens voisins, de sorte que tous les Belges qui se sont déplacés les ont vu jouer ailleurs et n'ont plus besoin de venir à leur théâtre pour les connaître.

ginations sortiront éveillées, et plus tard elles seront productives.

Oui, l'on ne peut en douter, des auteurs belges se formeront, car il n'en faudra qu'un seul composant au milieu de ses amis, de ses camarades, pour que son exemple soit suivi bientôt. Il y a cent fois plus de puissance d'entraînement vers l'imitation dans la présence d'un peintre à qui l'on voit tenir le pinceau, disposer ses couleurs, les mêler, les essayer, que dans la vue d'un tableau tout fait qui vous saisit d'admiration, il est vrai, mais qui ne vous permet point de comprendre par quels moyens magiques le peintre est arrivé à transformer ainsi une toile sèche et nue en figures brillantes et animées. C'est par l'imitation d'abord que l'on apprend à tout faire, et ensuite à tout perfectionner. Le monde n'est arrivé à ce qu'il est que par l'imitation partielle, lente et successive. L'exemple fait tout : si les maux sont contagieux, si le rire et la douleur se communiquent, les talens se gagnent.

Créez des droits, vous créerez des auteurs, et bientôt alors la Belgique aura un *théâtre national*, car il y en a un tout entier à y élever.

Alors une partie de ses spectacles pourra être consacrée à l'histoire de ses annales. D'une part, les guerres et les vicissitudes des Pays-Bas offrent une ample moisson de faits glorieux ou terribles, qui, sous la main d'un auteur, prendraient facilement une forme dramatique susceptible de produire beaucoup d'effet ; et de l'autre, les mœurs nationales continuellement bariolées, zébrées, pour ainsi dire, par des vestiges et des nuances de mœurs espagnoles, hollandaises ou françaises, peuvent offrir des tableaux assez variés et assez amusans, présentés dans le cadre d'une comédie ou d'un vaudeville.

En outre, et pour satisfaire à un besoin qui se fait encore sentir dans les classes moyennes, *des ouvrages nationaux* écrits tout entiers ou seulement pour quelques personnages *en langue flamande*, seraient d'un effet sûr pour attirer et divertir les classes inférieures ; certains jours de la semaine, unis à des pièces françaises, ils fourniraient des occasions de bonnes recettes, et apprendraient le chemin du théâtre à un grand nombre d'habitans qui l'ont ignoré jusqu'à ce jour. Le résultat d'un pareil moyen est connu : ce spectacle, d'un genre peu usité en général, a souvent lieu dans quelques provinces de France. A *Marseille*, ville importante, on est toujours certain de faire *une chambrée* quand on annonce une pièce dans laquelle on parle le *patois provençal*.

On a dit que l'impôt des *droits d'auteurs* serait une charge de plus pour les directeurs en *Belgique* et augmenterait la difficulté que les Régences éprouvent parfois à en trouver. — Ceci ne peut être exact. Les Régences font souvent et sont en état de faire des avantages bien plus larges aux directeurs que les mairies ou les conseils mu nicipaux des départemens de France. Là, les directeurs ont plus de frais, et toujours *des droits d'auteurs* à payer : et jamais encore ce dernier impôt ne les a empêché de rendre leurs gestions prospères, quand ils ont su ou voulu employer les moyens d'y parvenir; dont le premier et le meilleur consiste dans une grande activité et dans la fréquence des *représentations nouvelles*.

Le premier directeur qui en sera frappé se plaindra fort, mais cela devenant une clause de son *traité*, il y souscrira; et d'ailleurs cet impôt, calculé de façon à ne pas être considérable, pourra être allégé par le gouvernement, qui, en retirant des avantages, devra le rendre supportable et, jusqu'à un certain point, en partager les frais; au moins pour arriver à son établissement; soit en accordant une légère augmentation de subsides, soit en consacrant une certaine somme du budget des beaux-arts à donner des primes aux auteurs, comme il l'a fait pour le *jeune compositeur* auquel on doit la partition du *Mariage impossible*.

On a encore avancé que l'encouragement des jeunes auteurs en Belgique, et, pour ainsi dire, leur éducation dramatique, ne profiterait point à la nation, et qu'à peine auraient-ils eu des succès qu'ils voleraient à Paris, attirés par l'espoir d'une gloire plus étendue ou d'un profit plus grand. Cette émigration des auteurs belges après leurs premiers succès n'en sera point la conséquence, et ne sera pas comme aujourd'hui *une nécessité* absolue ; car après avoir établi *un échange* honorable et juste entre *la Belgique* et *la France*, les auteurs n'auront pas plus besoin de quitter *Bruxelles* pour être joués à *Paris*, que les auteurs de *Paris* n'ont besoin de le quitter pour être joués à *Bruxelles*. Mais s'ils émigrent de leur pays, ce sera après s'y être fait *un nom*, après lui avoir dû de premiers triomphes, et par là, ils seront toujours aux yeux du public des enfans de *Bruxelles*, d'*Anvers*, de *Liége* ou de *Gand*:* quelques rayons de leur gloire resplendiront toujours sur leur pays qui en sera fier, car leurs compatriotes en tireront vanité, et les ouvrages qu'ils auront donnés à la France ou à toute autre nation, décorés d'un nom patriotique, intéresseront plus vivement le public de leur ville natale, et l'attireront plus certainement au théâtre que ne pourra jamais le faire le nom d'un *parisien*, d'un *lyonnais* ou d'un *normand*.

Quel est le *dilettante* qui ignore la patrie de *Rossini* et de *Mayerbeer?* et qui peut douter que dans le pays qui fut leur berceau, le titre d'un de leurs ouvrages ne produise une recette plus lucrative que celui de tout autre auteur?

Cette considération d'un haut intérêt pour le directeur d'un théâtre a été sentie; et déjà s'exécute le projet de créer à Bruxelles *une scène na-*

* Comme Rousseau restait toujours à Paris citoyen de Genève.

tionale et d'y payer des *droits d'auteurs* à quiconque y donnera des ouvrages. Nul doute alors que *la continuelle nouveauté* des représentations n'assure un succès à la personne qui forme cette entreprise; nul doute que ce théâtre secondaire ne soit bientôt, s'il est habilement conduit, le rival fortuné et victorieux du premier théâtre qui aurait tant de moyens d'être l'un des plus beaux de l'Europe, et qui le deviendrait s'il était vivifié, s'il recevait une nouvelle impulsion par l'établissement des droits d'auteurs et par la présence des auteurs eux-mêmes ! Alors seulement, oui, des émigrations momentanées auraient lieu, mais elles seraient réciproques; souvent les auteurs de Paris, si leurs intérêts et leurs droits étaient reconnus à *Bruxelles*, à *Liège*, à *Anvers*, y viendraient offrir aux Belges de juger en première instance des ouvrages non joués encore en France. Bruxelles leur offrirait même un moyen d'éviter l'attente souvent bien longue dans les théâtres de Paris, et d'éluder la concurrence qui souvent pousse trois ou quatre auteurs à se jeter sur un même sujet, sur un même titre; et le directeur du théâtre y trouverait des moyens de *mise en scène* mieux conçus, les artistes, des études meilleures, le public, un spectacle plus attrayant, plus animé, et la ville un nouvel appât pour attirer et retenir les étrangers.

De là s'ensuivraient naturellement des collaborations d'auteurs belges et français, rapprochés par tant d'autres causes, ils ne seraient plus séparés par l'intérêt.

III.

IL Y A DÉJA DES AUTEURS ET DES COMPOSITEURS EN BELGIQUE

Très-certainement il n'aurait fallu que la réalisation de ce projet si facile pour que les auteurs belges ne s'en tinssent pas à de premiers essais ou à de premiers succès, ou pour que d'autres reprissent la plume; car, quoiqu'on en dise, il y a des auteurs belges; nous citerons entre autres *M. Smits*, auteur des tragédies de *Marie de Bourgogne*, d'*Elfrida*, de *l'Excommunication*.—*M. Alvin*, de *Guillaume de Nassau*, tragédie.—*M. Reiffenberg*, de *la Toison d'or*, opéra.—*M. Quetelet*, de *Jean second*, opéra, *M. A....*, auteur d'un drame intitulé *Sardanapale*.—*M. R.......*, d'une comédie en trois ou cinq actes, *l'Egoïsme*, et bien d'autres encore que je ne puis nommer. *

* Il n'eût peut être fallu qu'un autre régime dramatique pour que *M. Fétis* n'eût jamais quitté sa patrie, pour que depuis long-temps la Belgique eût un Conservatoire brillant et fécond, pour que depuis long-temps aussi on sût que la province de *Mons* était le pays d'un des meilleurs professeurs et compositeurs de France, et sans contestation du plus érudit : d'aujourd'hui seulement on sait qu'il est *belge* et on l'a appris avec des regrets.

Si les droits des auteurs français eussent été payés en Belgique, et si, en revenant à Paris, *la partition* n'eût pas été regardée (par une cruelle réciprocité) comme *un ouvrage étranger* qui ne peut être rétribué ; vos musiciens, car vous en avez, seraient aussi connus qu'ils méritent de l'être. J'en citerai douze entre autres nommés au théâtre : MM. *Messemachers* père et fils, *Hanssens* oncle et neveu, *Snell, Dewindt, Michelot, Ots, Devolder, Mengal, Grisar, de Peellaert*, etc., auraient pu composer sur des sujets neufs, sur des poëmes nouveaux, au lieu de dépenser du talent sur de vieux canevas, de broder richement des habits déjà usés en France et qui n'y pouvaient plus reparaître.

M. le colonel *de Peellaert*, habile et brillant compositeur par suite d'une vocation d'artiste bien déterminée, a composé les paroles et la musique de *l'Heure du rendez-vous*, du *Sorcier par hasard*, et les partitions recommandables d'*Agnès Sorel*, du *Barmécide*, de *l'Exilé*, de *Téniers* et d'un *Faust*, grand ouvrage actuellement à l'étude. Presque seul, il a persévéré dans la carrière des arts, parce que sa position lui a permis d'être auteur, pour ainsi dire, à ses frais ; car il n'a jamais reçu *un florin*, pas même *un cents* de droits d'auteurs !...

Il y a lieu d'espérer qu'il n'en sera pas ainsi sous le gouvernement actuel. Déjà *M. Grisar*, jeune compositeur plein d'avenir, a obtenu du

ministère des encouragemens flatteurs et une gratification pécuniaire. Le directeur de Bruxelles a également payé la partition de son opéra. Mais qu'est-il arrivé à *M. Grisar*? Rempli d'espoir de faire sanctionner son succès à Paris, il y est accouru; là seulement il a appris que sa musique était dans *le domaine public*, que les auteurs du *Mariage impossible* feront un jour représenter leur pièce en opéra, et que ni le théâtre, ni eux, ne lui devront rien à lui, compositeur d'une musique pleine de charmes.—Non, il n'aura pas la possibilité de signer un billet d'auteur! pas même les droits d'entrée dans la salle où on l'applaudira!.. et cela *par un juste retour de ce qui est en Belgique*. On lui dira : « Que demandez-vous, monsieur ; » vous êtes *Belge*, votre musique est *Belge*, donc » elle nous appartient!..» On ne peut nier qu'il y ait là un reste de barbarie et, pour ainsi dire, de piraterie tout-à-fait *moyen-âge*, et à coup sûr indigne de l'alliance de deux peuples amis, parlant la même langue, et plus indigne encore de l'époque civilisée qui a vu et voit encore s'accomplir tant de faits ou de changemens au profit de la législation politique et civile!. . . . .
. . . .

C'est cet état de choses que des Belges éclairés, amis des arts, de concert avec *la Commission des auteurs dramatiques* de Paris, se proposent de faire cesser. Pour y arriver et former ce qu'on pourrait nommer l'éducation littéraire de la Belgique, sans entrer dans les détails de chiffres, sans fixer la quotité des sommes dont l'appréciation sera le fait des parties donnantes et prenantes, il faut donc qu'il soit fait —

Un échange libéral, noble et juste des *droits* réciproques *des auteurs* dans les *deux pays*. Si du côté des Français il y a l'avantage du nombre, ils offriront aussi des ressources incomparablement plus considérables.

IV.

DES DROITS D'AUTEURS EN FRANCE.—ÉCHANGE.

A Paris, la plupart des théâtres paient aux auteurs *un droit proportionnel* de *tant* pour *cent* sur la recette de chaque soirée; de sorte que là un auteur est vraiment payé *selon ses œuvres*. S'il *fait* de l'argent, il en reçoit; mais dans les premières et les dernières villes des départemens, attendu que les abonnemens forment une recette annuelle qui paralyse les recettes journalières, *un droit fixe* et invariable est attaché à chaque représentation de chaque pièce. Ce droit est basé suivant l'importance des villes et suivant leur population; elles sont de 1re, 2e, 3e *et* 4e *ordre*; les ouvrages y sont considérés, suivant leur genre et le nombre d'actes qu'ils comportent, comme étant de 1re, 2e, 3e *et* 4e *classe*. De là, une pièce de première classe, c'est-à-dire de 5, 4 ou 3 actes en *opéra, tragédie, comédie* ou *ballet* qui reçoit, par exemple, 36 *francs* de droits d'auteurs dans une ville de premier ordre, ne recevra que *quatre francs* dans une ville du dernier; ainsi de suite, en suivant cette échelle proportionnelle.— Cette perception a lieu sans aucune réclamation, régulièrement de mois en mois, par les soins des *Agens* établis dans chaque ville et payés par les auteurs, au moyen d'un prélèvement que ces mêmes agens opèrent sur leurs recettes : ils perçoivent le montant des représentations de toutes les pièces, d'après un état dressé jour par jour, collationné avec les affiches et vérifié par le maire de la ville : et ces droits arrivent à l'auteur en quelque lieu qu'il soit, habitât-il en Amérique!.. Par le bordereau de la somme qu'on lui fait parvenir, il apprend avec une agréable surprise que tel ou tel de ses ouvrages a été joué dans telle province, ville ou bourgade.

Le royaume belge ne peut offrir aux intérêts des auteurs français que les quatre ou cinq théâtre de Bruxelles, d'Anvers, de Liège, de Gand, et accidentellement ceux de Mons et de Tournay; et la France pourrait mettre dans la balance les théâtres de Paris (qui en compte plus de vingt, y compris ceux de la banlieue) et tous les théâtres de ses quatre-vingt-six départemens, dont chacun en compte un plus grand nombre que la Belgique tout entière Le nombre de ces théâtres qui reconnaissent et satisfont les droits des auteurs est presqu'incalculable, et tend chaque jour à s'augmenter, puisque *la Commission dramatique*, par l'appui du ministère français, étendra bientôt sa puissance et son contrôle jusque sur les théâtres des *colonies françaises*; bientôt *l'Ile Bourbon* et *Alger* même enverront à Paris la rétribution des pièces qui seront représentées sur les théâtres qui s'y établissent.

L'auteur français pourra donc recevoir ses droits sur quatre ou cinq théâtres de la Belgique, tandis que, par l'échange proposé, l'auteur ou le compositeur belge en percevra sur plus de cent théâtres en France. Par ce seul fait, il sera membre de l'association des auteurs français, il en acquerra tous les droits; qu'il arrive ou corresponde avec Paris, il y trouvera une position toute faite; et sans avoir de noviciat à subir, d'épreuves à supporter, du moment qu'il se sera fait *jouer* sur un théâtre de Belgique, il aura *droit de cité* en France. Dès-lors, il participera aux bienfaits de cette *Commission des auteurs dramatiques*, noble et libérale institution à laquelle on doit *l'établissement de la caisse de secours*, et qui, toujours armée pour soutenir ou établir les droits des auteurs, travaille sans cesse à défendre les intérêts généraux ou à soulager les malheurs particuliers. Par la distribution des fonds qui lui sont confiés, les gens de lettres et les compositeurs que frappent des circonstances fâcheuses, trouvent là des ressources que la société leur refuserait souvent, et que leurs confrères leur accordent toujours.

Conclusion

D'UNE LOI A PRÉSENTER.—SANS PRÉJUDICE POUR LE COMMERCE DE LA LIBRAIRIE BELGE.

Après avoir, je crois, démontré les avantages et les chances certaines de la mesure proposée, il reste à indiquer comment et de quelle manière on peut la prendre.

Il s'agit de donner (sous le rapport dramatique seulement) le rang et l'importance de *Paris* à la ville de *Bruxelles*, et quant à *Liège*, *Anvers*, *Gand*, etc., de les placer (sous le rapport du *tarif des droits d'auteurs* seulement) sur la même ligne que *Lyon, Bordeaux, Toulouse, le Hâvre*, etc., suivant leur population; d'y établir le *taux fixe* des droits d'auteurs payés dans ses villes pour prix de chaque représentation des ouvrages *d'auteurs vivans*. Ce tarif existait à une époque où les théâtres de Belgique étaient sous l'empire de la loi française de 1791.

Cette situation si avantageuse, moralement parlant, à la Belgique, le Gouvernement peut seul l'établir en nommant UNE COMMISSION qui ferait entrer ce projet dans le traité de commerce qui doit être conclu entre les deux pays.

Une convention préalable pourrait-être passée entre les deux ministères et sanctionnée plus tard par la présentation d'une Loi simple, claire et d'une discussion facile, si l'on veut se borner à reconnaître l'établissement d'un principe sacré ; celui d'une *partie* de la *propriété* dramatique.

Je dis *d'une partie* seulement, car, pour satisfaire à l'intérêt dont il est question, cette loi ne devrait reconnaître que *le droit* attaché au fait matériel de *la représentation d'un ouvrage de théâtre belge ou français*. La propriété littéraire, pour les ouvrages de science ou de littérature étant moins bien établie encore en France, ne saurait revendiquer une position semblable. Avant de réclamer sur le fait des réimpressions en Belgique, il faudrait commencer par le discuter avec *la Hollande* qui seule profiterait de cette industrie, si on avait jamais la pensée de la mettre en question dans le royaume belge. Ceux qui touchent à ce point si délicat n'ont pas assez réfléchi que la limite et le voisinage des trois pays étaient le plus grand obstacle à ce que les écrivains français obtinssent une semblable satisfaction qui ne tournerait qu'au détriment de leur allié.

D'ailleurs les écrivains français qui vendent aux libraires la propriété de leurs ouvrages, n'ont pensé que rarement à en tirer un double profit.

Ils les cèdent pour la plupart à perpétuité, et la plupart aussi des libraires, par leurs *associations* avec les maisons de librairies étrangères ont des moyens de rendre moins préjudicables les réimpressions qui s'en font en Europe.

Les auteurs ou compositeurs français vendent également *une fois pour toutes* leurs *pièces* ou leurs *partitions*. Ils n'y trouvent guère que l'avantage de publier ces ouvrages afin que les différens théâtres de province puissent les représenter ; c'est donc pour arriver à étendre les droits *d'auteurs* qu'ils renoncent à conserver ceux *d'éditeurs*. Ces derniers sont bien moindres pour eux; et s'il n'y avait pas autant de théâtres de départemens, qui, tous sont productifs, une grande partie de ces ouvrages ne serait pas imprimée et ne serait pas livrée au petit préjudice de la réimpression étrangère.*

Ainsi donc, après avoir jeté un coup d'œil rapide sur les résultats d'une pareille mesure et sur sa possibilité, il me reste à exprimer l'espoir fondé que cet aperçu sera examiné et compris.

Dans un pays qui recommence une nouvelle

---

* Cette grande question de la propriété littéraire quant aux livres a été souvent agitée, et a soulevé de justes prétentions. Depuis long-temps pourtant elles seraient peut-être appaisées, si les écrivains ou les libraires français l'avaient, dit-on, bien voulu. Car il parait qu'au moyen de certaines formalités, telles que *le dépôt*, par exemple, constituant *droit de propriété* et fait à la même date dans les deux pays, on aurait pû établir la propriété. Le *répertoire de Jurisprudence de Merlin* l'a obtenu.

ère, il y a de la ressource ; on n'y a pas tout fait, on peut encore y faire. Les CHAMBRES BELGES se composent d'hommes patriotes qui sentiront la nécessité de créer, d'étendre une nationalité toujours puissante, celle de l'esprit ; car c'est aussi une puissance, que celle du talent ; plus solide, plus forte, et souvent plus durable que toutes les autres dominations.

Le MINISTÈRE, composé de Belges éclairés sur les vrais besoins du pays, appréciera les bienfaits moraux qui suivront cet état de choses. Ces considérations déduites au Conseil d'un ROI homme d'esprit, amateur distingué des arts, qui les cultive, les comprend et les honore, seront écoutées, et un PROJET DE LOI sera présenté à ce sujet; et, n'en doutons pas, il sera sanctionné par LES REPRÉSENTANS et LES SÉNATEURS, et la Belgique qui a des richesses, des commerçans, des industriels, des architectes, des peintres, aura aussi des musiciens, des auteurs et une littérature!

Alors la Belgique sera une nation complète!..ce qu'elle n'aurait pu obtenir sous un régime aristocratique, elle l'aura conquis sous le règne de la liberté constitutionnelle.

FIN.

Imprimerie de DAVID, Faubourg Poissonnière, n. 1.

COUP-D'ŒIL RAPIDE

SUR

NOTRE SITUATION,

L'ÉTRANGER, LA TRIBUNE,

PAR

Étienne Collet,

ANCIEN MILITAIRE AMPUTÉ, DÉCORÉ DE LA CROIX DE JUILLET.

Amicus Plato, magis amica veritas.

PARIS.
CHEZ TOUS LES MARCHANDS DE NOUVEAUTÉS.

1833.

www.ingramcontent.com/pod-product-compliance
Lightning Source LLC
Chambersburg PA
CBHW060612050426
42451CB00012B/2204